CADERNO DE ATIVIDADES
3

Organizadora: Editora Moderna
Obra coletiva concebida, desenvolvida
e produzida pela Editora Moderna.

Editora Executiva:
Maíra Rosa Carnevalle

NOME: ....
....TURMA: ....
ESCOLA: ....
....

1ª edição

© Editora Moderna, 2019

Elaboração de originais:

Thalita Bernal
Bacharel em Ciências Biológicas pela Universidade Federal de São Carlos. Mestra em Ciências pela Universidade de São Paulo. Bióloga atuante na área de Educação em Saúde.

Coordenação editorial: Maíra Rosa Carnevalle
Edição de texto: Ofício do Texto Projetos Editoriais
Assistência editorial: Ofício do Texto Projetos Editoriais
Gerência de *design* e produção gráfica: Everson de Paula
Coordenação de produção: Patricia Costa
Suporte administrativo editorial: Maria de Lourdes Rodrigues
Coordenação de *design* e projetos visuais: Marta Cerqueira Leite
Projeto gráfico: Adriano Moreno Barbosa, Daniel Messias, Mariza de Souza Porto
Capa: Bruno Tonel
   Ilustração: Raul Aguiar
Coordenação de arte: Wilson Gazzoni Agostinho
Edição de arte: Teclas Editorial
Editoração eletrônica: Teclas Editorial
Coordenação de revisão: Elaine Cristina del Nero
Revisão: Ofício do Texto Projetos Editoriais
Coordenação de pesquisa iconográfica: Luciano Baneza Gabarron
Pesquisa iconográfica: Ofício do Texto Projetos Editoriais
Coordenação de *bureau*: Rubens M. Rodrigues
Tratamento de imagens: Fernando Bertolo, Joel Aparecido, Luiz Carlos Costa, Marina M. Buzzinaro
Pré-impressão: Alexandre Petreca, Everton L. de Oliveira, Marcio H. Kamoto, Vitória Sousa
Coordenação de produção industrial: Wendell Monteiro
Impressão e acabamento: HRosa Gráfica e Editora
Lote: 287962

Dados Internacionais de Catalogação na Publicação (CIP)
(Câmara Brasileira do Livro, SP, Brasil)

Buriti plus : ciências : caderno de atividades / organizadora Editora Moderna ; obra coletiva concebida, desenvolvida e produzida pela Editora Moderna ; editora executiva Maíra Rosa Carnevalle. – 1. ed. – São Paulo : Moderna, 2019.

Obra em 4 v. para alunos do 2º ao 5º ano.
Ensino fundamental, anos iniciais.
Componente curricular: Ciências
Bibliografia.

1. Ciências (Ensino fundamental) I. Carnevalle, Maíra Rosa.

19-24573   CDD-372.35

Índices para catálogo sistemático:
1. Ciências : Ensino fundamental 372.35

Maria Paula C. Riyuzo — Bibliotecária — CRB-8/7639

ISBN 978-85-16-11911-9 (LA)
ISBN 978-85-16-11912-6 (LP)

Reprodução proibida. Art. 184 do Código Penal e Lei 9.610 de 19 de fevereiro de 1998.
Todos os direitos reservados
EDITORA MODERNA LTDA.
Rua Padre Adelino, 758 – Belenzinho
São Paulo – SP – Brasil – CEP 03303-904
Vendas e Atendimento: Tel. (0_ _11) 2602-5510
Fax (0_ _11) 2790-1501
www.moderna.com.br
2020
Impresso no Brasil

1 3 5 7 9 10 8 6 4 2

Apresentação

Caro(a) aluno(a)

Fizemos este Caderno de Atividades para que você tenha a oportunidade de reforçar ainda mais seus conhecimentos em Ciências.

No início de cada unidade, na seção **Lembretes**, há um resumo do conteúdo explorado nas atividades, que aparecem em seguida.

As atividades são variadas e distribuídas em quatro unidades, planejadas para auxiliá-lo a aprofundar o aprendizado.

Bom trabalho!

Os editores

Sumário

Unidade 1 • Os animais **5**
Lembretes **5**
Atividades 7

Unidade 2 • Luz e som **19**
Lembretes **19**
Atividades 20

Unidade 3 • Planeta Terra **31**
Lembretes **31**
Atividades 33

Unidade 4 • O que vemos no céu? **45**
Lembretes **45**
Atividades 47

Plantação de cacau em meio a seringueiras, no município de Una, na Bahia, em 2013. Este é um exemplo de sistemas agroflorestais, que ajudam a recuperar o solo degradado.

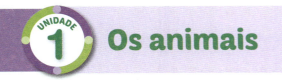

Os animais

Lembretes

Características dos animais

- Os animais são seres vivos: nascem, crescem, podem se reproduzir e morrem.
- Existe uma grande variedade de animais, que podem ser agrupados de acordo com características em comum.
- Há animais com pelos, penas, escamas ou carapaças.
- O ambiente onde vivem e a forma de locomoção diferem entre os animais. Eles podem ser **aquáticos** – vivem na água e locomovem-se principalmente nadando – ou **terrestres** – vivem em terra firme e andam, correm, rastejam, voam etc.
- Há animais que respiram pelos pulmões, outros pelas brânquias ou através da pele, entre outras formas.
- De acordo com seus hábitos alimentares, os animais são classificados em **herbívoros** (alimentam-se de plantas), **carnívoros** (comem outros animais) ou **onívoros** (alimentam-se tanto de plantas quanto de animais).
- Existem animais que nascem de ovos, e outros, da barriga da fêmea.

O gavião é um animal carnívoro, pois se alimenta de outros animais.

A classificação dos animais

- Os animais podem ser classificados em dois grandes grupos, de acordo com a presença ou ausência de crânio e de coluna vertebral.
- Os animais **invertebrados** não apresentam crânio nem coluna vertebral.
- Os animais **vertebrados** apresentam esqueleto com crânio e coluna vertebral.
- Os animais vertebrados são classificados em cinco grupos: **peixes**, **anfíbios**, **répteis**, **aves** e **mamíferos**.

Os seres humanos são animais

- Os seres humanos são animais vertebrados e têm esqueleto interno, formado pelo conjunto dos ossos e das cartilagens do corpo.
- Os **ossos** têm a função de proteger estruturas internas do corpo, sustentar e dar forma a ele, além de auxiliar na realização dos movimentos.
- A junção entre um ou mais ossos é chamada de **articulação**, e a maioria delas possibilita o movimento entre os ossos.
- Nas articulações, pode existir cartilagem, um material flexível que também é encontrado no nariz e na parte externa da orelha.
- A posição em que mantemos nosso corpo quando nos deitamos, sentamos e nos movimentamos é chamada de **postura**, a qual está relacionada à coluna vertebral.
- Estar atento à postura é muito importante para cuidar da saúde.

Exercícios de alongamento contribuem para uma postura adequada e para manter o corpo saudável.

Atividades

1. Leia as informações nas fichas e depois complete as tabelas de acordo com a classificação dos animais.

Nome: Ararajuba

Meio onde vive: florestas da região Norte e Nordeste do Brasil.

Alimentação: sementes, frutas e flores.

Nome: Arraia-aramaçá

Meio onde vive: rios da Amazônia.

Alimentação: peixes, crustáceos e insetos.

Nome: Mão-pelada ou guaxinim

Meio onde vive: florestas e campos de todo o Brasil.

Alimentação: bem variada, frutos, insetos, crustáceos, aves, anfíbios e pequenos roedores.

Herbívoros	Carnívoros	Onívoros

Aquáticos	Terrestres

2 Leia o poema e depois procure descobrir a classificação dos animais citados.

Bailão dos _____

Pacamão
É o bom do baião
Dourado
Dá show no xaxado.
Pintado
Arrasa no reisado!
Maravilha!
Mandi-amarelo
E piranha-vermelha
Dançam quadrilha.
Tem catira, cateretê,
Congada, lundu.
Tem piau, traíra.
Sarapó, curimatã-pacu.
— Quer dançar,
Curimbatá?
— Quero sim,
Surubim!

Lalau e Laurabeatriz. Bailão [...].
Formosuras do Velho Chico.
São Paulo: Peirópolis, 2011.

CECÍLIA IWASHITA

a) Complete o título do poema com o nome do grupo de animais citados.

b) Quais são as características em comum da maioria dos animais desse grupo?

_____
_____
_____
_____

3 Leia o texto e faça o que se pede.

O peixe-boi marinho

O período de gestação acontece por um período de 12 a 14 meses. Considerando aproximadamente dois anos de amamentação, o intervalo entre partos é de três a quatro anos. Nas primeiras semanas, é a mãe quem ensina ao filhote os comportamentos de respiração, deslocamentos e alimentação. Nos primeiros dias de vida, o "pequeno" alimenta-se exclusivamente do leite da mãe, fundamental para o seu desenvolvimento. Com o passar do tempo, ele começa a imitar a alimentação da matriarca e passa a ingerir também pequenas algas e capim-agulha..

Projeto viva o peixe-boi marinho. O peixe-boi marinho. Disponível em: <http://mod.lk/vmwpb>. Acesso em: 3 jun. 2019. (Adaptado.)

- Agora, responda às perguntas:

a) Onde o peixe-boi marinho se desenvolve antes de nascer?

_____

b) Ao nascer, o filhote de peixe-boi marinho precisa de cuidados?

☐ Sim ☐ Não

c) Durante quanto tempo o filhote é amamentado pela mãe?

_____

d) O que a mãe ensina para o filhote de peixe-boi marinho?

_____

e) Pesquise para responder por que o peixe-boi marinho está ameaçado de extinção.

_____
_____

4 Leia a tirinha.

a) A frase "O sapo já foi girino" está correta?

☐ Sim   ☐ Não

b) Por que o girino não é parecido com o sapo?

_____
_____
_____

c) Como é chamada a transformação dos girinos em sapos?

_____

5 Numere as imagens de acordo com as etapas de desenvolvimento dos sapos.

☐   ☐   ☐   ☐

6 Leia o texto sobre o cuidado com alguns filhotes e faça o que se pede.

Você sabia que alguns insetos cuidam dos seus filhotes?

Todos nós precisamos de cuidados, ainda dentro da barriga e por muito tempo depois que nascemos. A novidade aqui é que alguns insetos também protegem e cuidam de seus filhotes até que eles possam se defender sozinhos. Duvida?

Percevejo.

O zelo que os animais têm com os filhotes é conhecido como cuidado parental. Em geral, dentre as espécies de insetos conhecidas, é a fêmea que mais exerce essa tarefa. O percevejo da espécie *Gargaphia solani*, por exemplo, protege seus filhotes dos predadores batendo as asas e subindo no inimigo. Que coragem! Além disso, esta espécie pode guiar os filhotes para outras partes das plantas, onde ficarão mais seguros.

Cigarrinha.

E se você está pensando que só existe esse caso, veja só outro: as cigarrinhas da espécie *Umbonia crassicornis* protegem, fornecem alimento e ainda conseguem se comunicar com seus filhotes! Insetos não falam, eu

Maria-fedida.

sei! A comunicação é estabelecida pelo olfato – eles exalam um cheirinho característico denominado de feromônio. Quando os filhotes estão em perigo, liberam o odor que faz com que a mãe voe e expulse o predador. Outros insetos também usam esta solução, como a fêmea do percevejo-verde ou maria-fedida. Nesse caso, filhotes e mãe liberam um cheiro bem desagradável. Já caiu algum na sua roupa? [...]

Grazieli de França Dueli. Você sabia que alguns insetos cuidam dos seus filhotes? *Ciência Hoje das Crianças*, ano 27, n. 254, mar. 2014. Disponível em: <http://mod.lk/cuidinse>. Acesso em: 5 jun. 2019.

- Agora, responda às perguntas:

    a) Como a fêmea do percevejo protege seus filhotes?
    _____
    _____
    _____
    _____

    b) Quais são as técnicas usadas pela cigarrinha e pela maria-fedida para proteger seus filhotes?
    _____
    _____
    _____
    _____

7 Percorra o labirinto e ajude:

   a) os filhotes de tartaruga marinha a chegar ao mar;

   b) a pinguim fêmea a encontrar o pinguim macho e seu filhote.

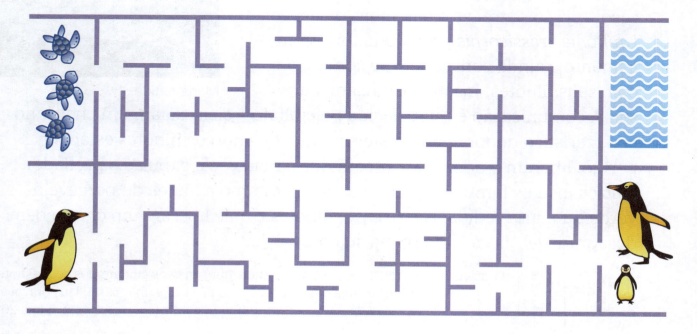

8 Descubra o nome de alguns animais invertebrados.

Dica: São cinco animais.

- Utilizando os nomes dos animais invertebrados encontrados na atividade anterior, preencha as legendas das imagens a seguir.

9 Complete a cruzadinha com a classificação dos grupos de animais.

1. A maioria dos animais deste grupo tem o corpo coberto por escamas.
2. Têm a pele lisa, fina e úmida.
3. Podem ter o corpo coberto por escamas, placas duras ou, ainda, por uma carapaça.
4. Têm o corpo coberto por penas.
5. A pele da maioria dos animais deste grupo tem pelos.

- Agora, responda:

    a) Qual característica de diferentes animais foi descrita e comparada na cruzadinha?
    _____

    b) Por que os animais desses grupos são chamados de vertebrados?
    _____
    _____

10 Complete o texto com as palavras do quadro.

> esqueleto   cartilagens   sustentar
> corpo   ossos   movimentos   proteger

O _____ humano é formado pelo conjunto de _____ e _____ e tem como função _____ estruturas internas, _____ e dar forma ao _____. Além disso, o esqueleto auxilia na realização dos _____.

11 Descubra as respostas de cada item.

1. Junção entre dois ou mais ossos: _____.
2. Protege estruturas internas e sustenta o corpo: _____.
3. Parte dura e resistente do corpo: _____.
4. Material flexível encontrado nas articulações, no nariz e na parte externa da orelha: _____.

12 Troque os símbolos pelas letras e descubra o nome de alguns ossos do esqueleto humano.

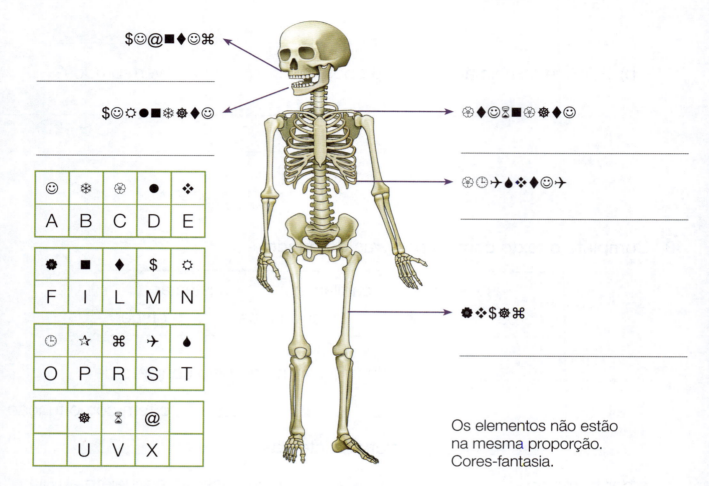

Os elementos não estão na mesma proporção. Cores-fantasia.

- Agora, circule o crânio e a coluna vertebral.

13 Relacione as colunas.

| Crânio | | Protegem o coração e os pulmões. |

| Costelas | | Auxiliam no movimento de mastigação dos alimentos e na fala. |

| Maxila e mandíbula | | Protege o encéfalo. |

14 Observe cada movimento e ligue-o ao esqueleto correspondente.

15 Circule duas situações que apresentam hábitos incorretos de postura que prejudicam nossa saúde.

16 Crie frases com as palavras do quadro para informar hábitos corretos de postura.

| SENTAR-SE   COLUNA   RETA   PÉS   CHÃO |

_____

_____

| OLHAR   FRENTE   CAMINHAR   COLUNA   RETA |

_____

_____

17 Marque as frases que justificam a importância da brincadeira para a saúde.

☐ Brincar é desperdício de tempo.

☐ Brincar ajuda a criança a se desenvolver melhor.

☐ Brincar é uma forma de se divertir e se sentir mais animado.

☐ As brincadeiras prejudicam o aprendizado das crianças.

☐ Muitas brincadeiras envolvem movimentos do corpo e proporcionam saúde e bem-estar.

Luz e som

Lembretes

Os sentidos

- Os sentidos nos possibilitam captar as informações do ambiente.
- Os olhos são as estruturas do corpo responsáveis pelo sentido da **visão**.
- As orelhas são responsáveis pela **audição**. Por meio da audição, percebemos os sons e identificamos de onde eles vêm.
- O **tato** é o sentido que nos permite perceber a textura, a forma e a temperatura do objeto tocado. A pele é a estrutura do corpo responsável pelo tato.
- O **olfato** é o sentido pelo qual percebemos os odores; a estrutura do corpo responsável por esse sentido é o nariz.
- Por meio da língua, percebemos os gostos. O nome desse sentido é **gustação**.

A luz

- A luz é uma forma de energia perceptível por meio da visão. Ela nos permite enxergar os objetos à nossa volta.
- A luz move-se em linha reta e em grande velocidade a partir da fonte que a emitiu.
- Os corpos que emitem luz são chamados de **fontes luminosas**.
- O Sol e as outras estrelas são fontes luminosas **naturais**.
- As lâmpadas são exemplos de fontes luminosas **artificiais**.
- De acordo com a quantidade de luz que passa através dos corpos, eles podem ser classificados em **transparentes**, **opacos** ou **translúcidos**.

O som

- O som é uma forma de energia que se espalha pelo espaço em forma de **ondas sonoras**.
- As ondas sonoras causam a **vibração** do meio em que se espalham, e nossas orelhas captam essa vibração por meio de uma membrana chamada **tímpano**.
- O som tem algumas **propriedades** que o caracterizam: intensidade, duração, altura e timbre.
- Essas propriedades tornam um som diferente do outro.

Atividades

1 Responda às perguntas e depois complete a cruzadinha.

a) Com qual sentido conseguimos enxergar e diferenciar as cores? _____

b) Com qual sentido percebemos os sons? _____

c) Quando tocamos um objeto, com qual sentido percebemos sua forma, textura e temperatura? _____

d) Com qual sentido percebemos os cheiros? _____

e) Com qual sentido conseguimos diferenciar se um alimento é doce, salgado, azedo ou amargo? _____.

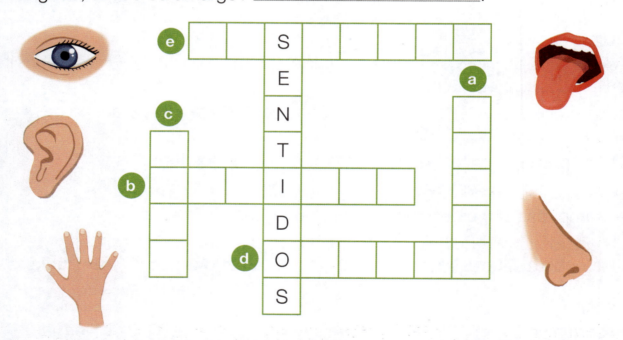

- Agora, responda quais são as estruturas do corpo responsáveis pelos sentidos indicados.

a _____.   d _____.

b _____.   e _____.

c _____.

2 Leia o texto sobre uma visita diferente ao Jardim Botânico da cidade do Rio de Janeiro.

Jardim sensorial de portas abertas

Um lugar do Jardim Botânico onde o público é convidado a um contato mais próximo com as plantas, o Jardim Sensorial reabriu à visitação na quinta-feira, 30 de julho. O espaço oferece um conjunto de plantas com diferentes texturas e aromas, colocadas ali especialmente para aguçarem os sentidos, principalmente o tato e o olfato. Orquídeas, pés de manjericão, alecrim, sálvia, menta e muitos outros podem ser tocados e, em alguns casos, até mesmo provados pelos visitantes.

[...] ele ganhou uma equipe de oito monitores preparada para receber visitantes com necessidades especiais, principalmente os cegos e deficientes visuais. Mais do que isso, a equipe desenvolve atividades pedagógicas para familiarizar as pessoas que veem com o universo das que não podem ver.

Dos monitores, três são cegos e um tem baixa visão. [...]

Uma das principais atividades é a visita guiada com olhos vendados. Também serão realizadas [...] palestras sobre como acolher pessoas com deficiência, sobre Braille, Libras (Língua Brasileira de Sinais) e temas relacionados.

Braille é um sistema de escrita e leitura formado por símbolos em relevo e usado por deficientes visuais.

BRASIL. Jardim Botânico do Rio de Janeiro. *Jardim sensorial de portas abertas*. Rio de Janeiro, 31 jul. 2015. Disponível em: <http://mod.lk/o2f6q>. Acesso em: 4 maio 2019.

- Com qual sentido os visitantes do Jardim Sensorial percebem:

    a) a textura das plantas? _____

    b) o aroma das plantas? _____

    c) o sabor das plantas? _____

    d) as placas escritas em Braille? _____

3 Acompanhe o experimento que Ana e seus amigos realizaram na aula de Ciências.

Em dupla, Carlos teve os olhos vendados e Ana ofereceu um pedaço de cebola para ele cheirar. Depois, ela ofereceu um pedaço de maçã para Carlos comer e perguntou o que era.
Resultado do experimento:
Carlos achou que estava comendo cebola em vez de maçã.

Na sequência, Carlos pediu para Ana colocar a venda nos olhos e tapar o nariz. Ofereceu um pedaço de batata para Ana comer e perguntou o que era.
Resultado do experimento:
Ana não conseguiu descobrir que alimento era.

- Agora, responda:

    Por que Carlos confundiu os alimentos e Ana não descobriu que estava comendo batata?

    _____

    _____

    _____

4 Leia a tirinha.

- Dorinha reconheceu Mônica usando qual(is) sentido(s)?

_____

5 Desembaralhe as letras e decifre o texto.

> A liuanemgg de saiins é também conhecida como lguaín de estosg. ela é utilizada em substituição à lguaín de snos.
>
> Irasbi é a liuanemgg de saiins usada pela comunidade de surdos no Brasil.

_____

_____

_____

- Qual sentido é utilizado na comunicação em Libras?

_____

6 Quais sentidos são usados em cada situação a seguir?

a)

_____
_____
_____

b)

_____
_____
_____

c)

_____
_____
_____

7 Observe a imagem.

- Procure na imagem o nome de:

   a) uma fonte luminosa natural:

   _____

   b) uma fonte luminosa artificial:

   _____

8 As setas dos desenhos estão indicando a direção do movimento da luz. Faça um X no desenho que está correto.

9 Leia as frases e classifique-as em verdadeiras (V) ou falsas (F).

☐ 1. A luz é uma forma de energia.

☐ 2. Conseguimos perceber a luz por meio do sentido da visão.

☐ 3. A luz move-se lentamente.

☐ 4. A luz move-se em linhas retas e curvas a partir da fonte que a emitiu.

- Corrija as frases que você classificou como falsas.

_____
_____
_____
_____

10 Observe os experimentos realizados pelos alunos na escola.

Experimento 1   Experimento 2

Experimento 3

- Agora, responda:

a) O que aconteceu com a luz no experimento 1?

_____

_____

b) O que ocorreu com a luz no experimento 2?

_____

_____

c) E o que aconteceu com a luz no experimento 3?

_____

_____

26

11) Observe as imagens.

Você sabia que a luz ou o raio visto no céu em dias de chuva forte é chamado de relâmpago? E que o barulho que vem em seguida é o trovão?

- Pense e marque um X: O que se move mais rápido?

☐ A luz ☐ O som

12) Observe a imagem.

a) Circule as palavras que lembram os sons de objetos mostrados na ilustração.

b) Como são chamados os sons desagradáveis que causam a poluição sonora?

_____

13 Observe a reprodução da pintura.

Chorinho. Cândido Portinari, 1942. Museu Nacional de Arte Contemporânea, Lisboa. Têmpera sobre tela.

a) Circule de vermelho o(s) instrumento(s) de corda.

b) Circule de amarelo o(s) instrumento(s) de sopro.

c) Circule de verde o(s) instrumento(s) de percussão.

14 Observe as imagens e depois responda às questões.

a)

- Qual propriedade do som está representada na imagem **a**?

  _____

b)

- Qual propriedade do som está representada na parte inferior da imagem **b**?

  _____

- Cite mais uma propriedade do som.

  _____

15 Pense e responda:

- Qual propriedade do som é usada quando reconhecemos a voz de uma pessoa? _____

16 Complete o texto com as palavras do quadro.

| vibrações | tímpano | som |
| energia | ondas sonoras | orelhas |

O _____ é uma forma de _____ que se espalha pelo espaço por meio de _____ que não conseguimos enxergar, mas suas _____ são captadas por uma membrana que existe dentro de cada uma das _____ chamada de _____.

17 Observe a imagem.

a) Troque os símbolos pelas letras e descubra o nome do instrumento.

- Agora, responda:

b) Como o som desse instrumento é produzido?

_____
_____

c) Como o som se propaga?

_____

_____

d) Como é possível escutá-lo?

_____

_____

18 Fabian Oefner é um fotógrafo suíço que, ao usar o som, captou imagens de sais coloridos voando pelos ares. Observe as fotografias e faça o que se pede.

O fotógrafo colocou sais coloridos em cima de uma película plástica, disposta sobre uma caixa de som. Ao ligar o som, os sais coloridos se movimentaram.

- Agora, responda:
  Por que os sais coloridos se movimentaram quando o som foi ligado?

_____

_____

UNIDADE 3 — Planeta Terra

Lembretes

A Terra

- O planeta Terra é formado por uma parte **sólida**, composta de rochas; outra parte **líquida**, composta pela água de lagos, rios, mares e oceanos; e mais uma parte **gasosa**, que envolve todo o planeta, chamada de atmosfera.
- A maior parte da superfície terrestre é coberta por água.
- As áreas não cobertas por água são chamadas de **continentes** e **ilhas**.
- As áreas do planeta Terra não cobertas por água são divididas em seis continentes: África, América, Antártida, Ásia, Europa e Oceania.
- O planeta Terra pode ser representado de várias maneiras. Os **mapas**, o **globo terrestre** e as **imagens de satélite** são alguns exemplos de representações.
- O **planisfério** é um mapa que representa toda a superfície da Terra.
- Nas representações do planeta Terra, são denominados cinco oceanos: Atlântico, Glacial Ártico, Glacial Antártico, Índico e Pacífico.

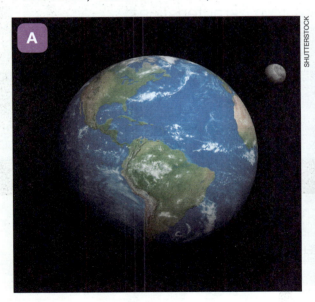

Exemplos de representação da Terra: vista do espaço (A) e, em imagem de satélite, o município de Santos, no litoral do estado de São Paulo, em 2017. (B).

A água no planeta

- A maior parte da superfície terrestre é coberta pela água salgada dos **oceanos**.
- A água doce é encontrada em **rios**, **lagos**, nas **geleiras** e nos **aquíferos**.
- As **nuvens** são formadas por gotículas de água.
- Os seres humanos e outros seres vivos dependem da água para sobreviver.
- A água pode ser encontrada na natureza em três estados físicos: sólido, líquido e gasoso.

As rochas e o solo

- Os continentes e as ilhas situam-se sobre as rochas.
- As **rochas** são compostas de diversos tipos de minerais.
- O **solo** é uma mistura de restos de seres vivos, ar, água e fragmentos de rochas.
- O solo é muito importante para os seres humanos e outros seres vivos.
- O solo leva muitos anos para se formar e está sempre mudando.
- Existem muitos tipos de solo e cada um deles tem características próprias, que dependem das rochas que lhe deram origem.
- As rochas e os minerais da natureza são importantes para a fabricação de diferentes materiais.
- A atividade de extração de rochas e minerais é chamada de **mineração**.

O solo propicia uma das atividades mais importantes: a agricultura. Na foto, trator preparando o solo para o cultivo. Estado de Mato Grosso do Sul, em 2017.

32

Atividades

1 Leia o texto e responda às perguntas.

O menino da Terra

[...] Quando se aproximou da Terra – que, no Espaço, descobrira que era azul – Nan levou o maior susto de sua vida: A Terra havia se transformado em uma enorme bola marrom [...].

Não deu para Nan sequer localizar de que lugar da Terra ele havia partido. Não deu para saber onde havia deixado seu pai querido, que lutara a vida inteira para avisar os habitantes de seu país e de toda a Terra que eles estavam destruindo o planeta onde viviam. Então, Nan chorou como nunca havia chorado antes. [...]

Ziraldo Alves Pinto. *O menino da Terra*. São Paulo: Melhoramentos, 2010.

a) Por que Nan, durante sua viagem ao espaço, avistou a Terra na cor azul?

_____
_____

b) O que pode ter acontecido para a Terra ter se transformado em uma enorme bola marrom?

_____
_____
_____

2 Leia e marque a alternativa correta.

a) A maior parte da superfície terrestre é coberta por:

☐ água salgada.   ☐ água doce.

b) A água salgada é encontrada em:

☐ lagos e rios.   ☐ oceanos e mares.

3 Leia o texto e depois faça as atividades.

Pedro e sua família iniciaram uma viagem de navio pelo mundo. Veja, no mapa abaixo, o percurso que eles fizeram.

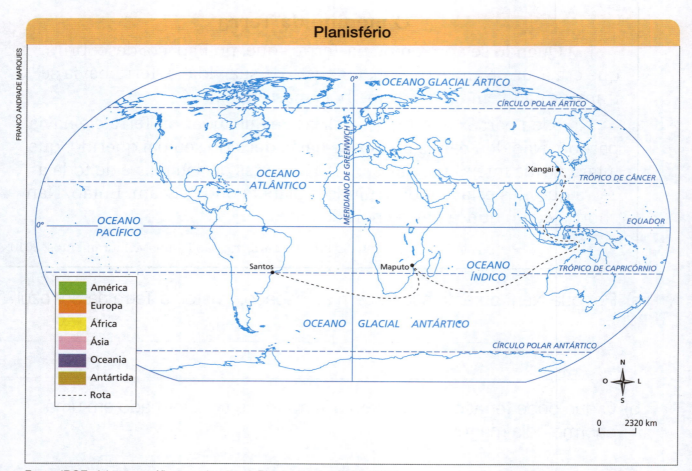

Fonte: IBGE. *Atlas geográfico escolar*. 7. ed. Rio de Janeiro: IBGE, 2016.

a) Pinte os continentes de acordo com a legenda.

b) Por quais oceanos eles navegaram?

_____

c) Por quais continentes eles passaram?

_____

d) Como se chama o mapa da superfície terrestre usado nesta atividade?

_____

4 Complete a frase com as palavras do quadro.

| meridianos | horizontal | paralelo |
| localização | verticais | globo terrestre |

O Trópico de Capricórnio é uma linha imaginária _____, chamada de _____. Essas linhas são traçadas nos mapas e no _____ para facilitar a _____ de qualquer lugar na superfície terrestre. Além dos paralelos, existem linhas _____, chamadas de _____.

5 Desembaralhe as letras e descubra o nome de alguns paralelos traçados no globo terrestre.

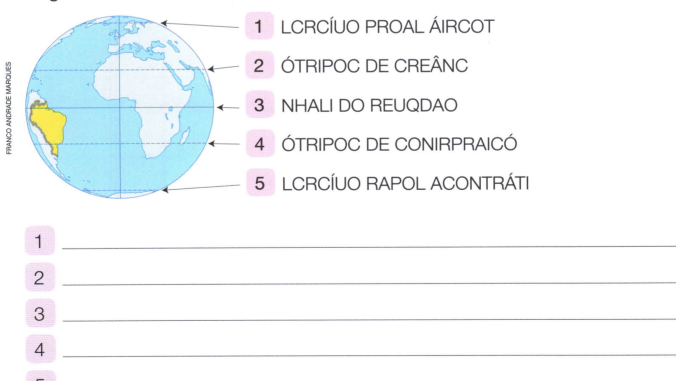

1 LCRCÍUO PROAL ÁIRCOT
2 ÓTRIPOC DE CREÂNC
3 NHALI DO REUQDAO
4 ÓTRIPOC DE CONIRPRAICÓ
5 LCRCÍUO RAPOL ACONTRÁTI

1 _____
2 _____
3 _____
4 _____
5 _____

6 Leia o texto e faça as atividades.

> ### A água no planeta
>
> Você sabia que aproximadamente três quartos do planeta são compostos por água (salgada e doce) e que somente um quarto é composto por terra?
>
> Isso não quer dizer que nunca vai faltar água. Apenas uma pequena parte dessa água é doce (própria para uso). O restante está nos oceanos (imprópria para o consumo, pois é salgada) e nas geleiras, de difícil acesso. Por isso, precisamos economizar [água] sempre.
>
> Cesar Obeid. *Meu planeta rima com água*. São Paulo: Moderna, 2016.

a) A água doce é encontrada em quais lugares do planeta Terra?
_____

b) Nas geleiras, a água é encontrada em qual estado físico?
_____

c) Quais são os outros estados físicos em que a água pode ser encontrada na natureza?
_____

d) Faça uma ilustração para demonstrar a sua resposta para a atividade anterior.

e) Por que é preciso economizar água?
_____

7 Observe as imagens e responda às perguntas.

Imagem aérea da Represa de Jaguari no Sistema Cantareira, no estado de São Paulo, destinado à captação e ao tratamento de água. A primeira imagem é de 2013, e a segunda mostra a mesma represa em 2014.

a) Como é chamado o equipamento construído e enviado pelo ser humano ao espaço que permitiu que essas imagens fossem obtidas?

_____

b) Qual mudança na superfície terrestre é possível identificar ao observar as imagens?

_____

_____

8 Observe a imagem.

- Marque na imagem situações de desperdício de água.

37

9 Leia a tirinha e responda às questões.

a) Além do Cascão, os outros personagens da história em quadrinhos estão contentes com a falta de água?

☐ Sim ☐ Não

b) Qual é a importância da água para os seres humanos?

_____

_____

10 Leia o trecho e complete-o depois de ler a pergunta.

> Uma parte da água é absorvida pelas raízes das plantas e outra parte se infiltra até alcançar o subsolo, chegando a rochas subterrâneas que têm pequenos espaços nos quais a água se acumula. Essas são reservas especiais, chamadas de _____.

a) Escreva uma legenda para a imagem a seguir, sabendo que esta reserva especial localiza-se no estado do Pará, em 2016.

_____
_____
_____

b) De acordo com o trecho, para onde vai a água?

_____
_____

11 Observe as imagens e depois responda às questões.

a) Todos os solos são iguais?

☐ Sim ☐ Não

b) Quais características diferenciam as amostras de solo das fotografias?

_____

_____

c) Por que os solos são diferentes uns dos outros?

_____

_____

12 Descubra no diagrama cinco fatores que contribuem para o processo de formação e modificação dos solos.

X	F	T	E	M	P	E	R	A	T	U	R	A	H	F	N
T	C	V	B	T	H	S	I	K	L	P	V	A	T	J	R
C	H	U	V	A	T	O	U	I	O	N	E	H	F	I	G
A	O	T	C	V	F	L	Q	S	R	F	N	J	M	R	O
T	T	V	T	G	V	H	Y	U	I	X	T	E	X	M	S
S	E	R	E	S	V	I	V	O	S	M	O	V	T	A	V

40

13 Leia o trecho da canção e faça as atividades.

Erosão

No meu pedacinho de chão
Não tem perigo de erosão
Eu aprendi o jeito certo
De proteger a terra e a minha plantação
Ai, minha gente, que fartura
Tanta riqueza se espalhando pelo chão
É macaxeira, girimum caboclo
Batata-doce, melancia e melão
Feijão de corda se enroscando em tudo
Dá gosto de ver minha plantação
[...]
É tão bonito este meu pé-de-serra
Com a terra livre da erosão.

Walter Santos e Teresa Souza. Erosão. Intérprete: Luiz Gonzaga. In: *Seu canto, sua sanfona e seus amigos*. Paraná: Revivendo, 2006. v. 6. CD. Faixa 2.1.

a) Na letra da música, o solo é usado para qual atividade?

_____

_____

b) O compositor da canção afirma que: "No meu pedacinho de chão / Não tem perigo de erosão". Por que ele faz essa afirmação?

_____

_____

_____

_____

14 Escreva exemplos que justifiquem a importância do solo para os seres humanos e outros animais.

_____
_____
_____
_____
_____

15 Qual é a importância do solo para as plantas?

_____
_____
_____

16 Leia o texto.

Solo vivo

Os seres vivos participam ativamente da formação dos solos. [Plantas] e animais, como insetos, minhocas e muitos outros, além do próprio ser humano, modificam o solo do local onde vivem. Eles misturam a matéria orgânica (restos de animais e [plantas]) às partículas que se formaram pela fragmentação das rochas [...].

Claudio Lucas Capeche. Bem debaixo dos seus pés! *Ciência Hoje das Crianças*, ano 27, n. 258, jul. 2014. Disponível em: <http://mod.lk/qgp9l>. Acesso em: 3 jun. 2019.

- Sublinhe no texto o trecho que explica uma das maneiras de as plantas e animais modificarem o solo.

17 Observe as imagens.

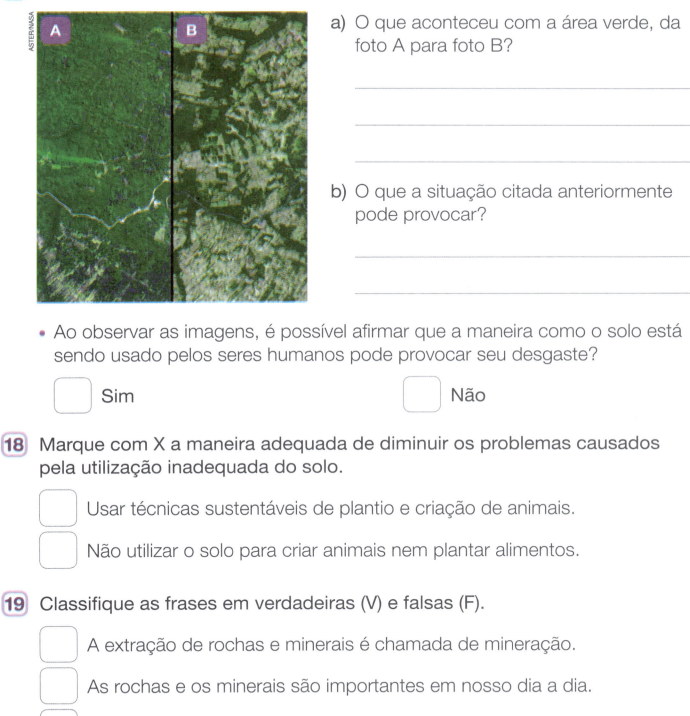

a) O que aconteceu com a área verde, da foto A para foto B?

_____

_____

_____

b) O que a situação citada anteriormente pode provocar?

_____

_____

- Ao observar as imagens, é possível afirmar que a maneira como o solo está sendo usado pelos seres humanos pode provocar seu desgaste?

☐ Sim   ☐ Não

18 Marque com X a maneira adequada de diminuir os problemas causados pela utilização inadequada do solo.

☐ Usar técnicas sustentáveis de plantio e criação de animais.

☐ Não utilizar o solo para criar animais nem plantar alimentos.

19 Classifique as frases em verdadeiras (V) e falsas (F).

☐ A extração de rochas e minerais é chamada de mineração.

☐ As rochas e os minerais são importantes em nosso dia a dia.

☐ As rochas possuem as mesmas características.

- Corrija a(s) frase(s) falsa(s) da atividade anterior.

_____

20 Leia um trecho de uma canção popular:

Se essa rua
Se essa rua fosse minha
Eu mandava
Eu mandava ladrilhar
Com pedrinhas
Com pedrinhas de brilhante
Para o meu
Para o meu amor passar

(Tradição popular)

a) O termo "brilhante", na canção, é usado como sinônimo de "diamante". Leia neste trecho do dicionário o significado de "diamante":

> Mineral constituído de carbono puro, duríssimo e muito brilhante, valioso como pedra preciosa [...].
>
> Diamante. *Aulete Digital*. Disponível em: <http://mod.lk/l9wfx> Acesso em: 5 maio 2019.

b) Agora, responda: as pedras de diamante são indicadas para ladrilhar, ou seja, para revestir as ruas? Por quê?

_____
_____
_____
_____

21 Pesquise e anote quatro materiais produzidos de minerais e rochas.

_____
_____

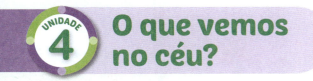

Unidade 4 — O que vemos no céu?

Lembretes

Observando o céu de dia

- No céu diurno, podemos observar seres vivos, objetos construídos pelos seres humanos, nuvens, raios, chuva, arco-íris e astros, como o Sol, a Lua e alguns planetas.
- O Sol é uma estrela que emite grande quantidade de luz e calor.
- Todas as estrelas são astros luminosos.
- A luz e o calor do Sol são essenciais para a vida dos seres vivos.
- A Lua é um astro iluminado que brilha no céu porque reflete a luz do Sol.
- A Lua é o satélite natural da Terra; ela gira ao redor do nosso planeta.
- Os planetas são corpos celestes que não têm luz própria.

Quais elementos você consegue identificar no céu e nessa paisagem? Conte para o seu colega.

45

Observando o céu à noite

- No céu noturno podemos observar corpos celestes, fenômenos naturais, objetos construídos pelos seres humanos, como os satélites artificiais, e alguns seres vivos.
- Os corpos celestes variam em cor, brilho e tamanho.
- A Lua é o astro mais visível durante a noite, mas ela não emite luz própria.
- Nem sempre conseguimos ver a Lua à noite.
- Alguns planetas podem ser vistos no céu noturno em certas épocas do ano.
- A olho nu, os planetas são pontos luminosos parecidos com as estrelas, mas o brilho deles é fixo, e o das estrelas é cintilante.
- A iluminação artificial da cidade, a poluição do ar e as nuvens na atmosfera terrestre dificultam a visualização dos astros.
- Os planetas que formam o Sistema Solar são: Mercúrio, Vênus, Terra, Marte, Júpiter, Saturno, Urano e Netuno.

Os dias e as noites

- A Terra gira em torno de seu eixo imaginário. À medida que ela gira, a posição aparente do Sol no céu vai mudando.
- Os dias e as noites existem porque o Sol ilumina apenas uma parte da Terra de cada vez.
- Um dia tem 24 horas, e este é o tempo que a Terra leva para dar uma volta completa ao redor de si mesma.
- Os horários em que o Sol "nasce" e se "põe" variam ao longo do ano.

A fotografia mostra o planeta Vênus e a Lua.

Atividades

1 Observe a obra de arte abaixo.

Barca com carranca e ribeirinhos, de Josinaldo Ferreira Barbosa, 2019.

a) Quais elementos você consegue identificar no céu?

_____

_____

b) Qual período está representado na cena?

☐ Dia ☐ Noite

c) Agora é a sua vez de ser o artista! Escolha um período e depois faça um desenho para representá-lo.

☐ Dia ☐ Noite

47

2 Leia o poema.

Tempestade

O vento vem vindo
velozzzzz.
Voam folhas, gravetos,
troncos.
O trovão troante
estoura na linha do
horizonte.
O chiado da chuva.
O cheiro da chuva.

A enxurrada,
o riacho,
a terra rachada.
Depois,
um azul aqui, outro ali.
Em sinal de paz,
um arco-íris se mostra
e se desfaz.
Silencia a sonora
orquestra da Natureza.

José de Nicola. *Entre ecos e outros trecos*. 2. ed. São Paulo: Moderna, 2002.

Agora, responda:

a) Qual fenômeno natural apresentado no poema participa da formação do arco-íris? _____

b) A presença de qual astro é fundamental para a formação do arco-íris? _____

c) Podemos ver o arco-íris no céu em qual período do dia? Explique sua resposta.

_____
_____
_____
_____

3 Observe as imagens.

- Em qual período do dia conseguimos enxergar melhor o ambiente? Explique.

  _____

4 Qual é a importância do Sol para os seres vivos?

_____

_____

_____

_____

5 Descubra as palavras que completam a frase a seguir.

O Sol é uma _____ que ilumina o planeta Terra.

Por isso, ele é considerado um astro _____.

6 Observe a imagem e faça as atividades.

A luz das estrelas funciona como um guia para os filhotes de tartaruga encontrarem o caminho para o mar

a) O excesso de iluminação artificial pode prejudicar os filhotes de tartaruga?

☐ Sim   ☐ Não

b) Explique sua resposta para a pergunta anterior.

_____
_____
_____
_____
_____

c) Desembaralhe as letras e descubra o problema decorrente do uso exagerado e inadequado de fontes luminosas artificiais.

luipoãço ulnomisa

_____

7 Pinte os quadrados de acordo com a legenda.

Legenda
■ Elementos que enxergamos no céu tanto de dia como de noite.
■ Elementos que só enxergamos no céu durante o dia.
■ Elementos que só enxergamos no céu durante a noite.

☐ Nuvens   ☐ Lua   ☐ Chuva
☐ Outras estrelas ☐ Avião   ☐ Sol
☐ Arco-íris   ☐ Planetas   ☐ Seres vivos
☐ Raios

8 Descubra no diagrama o nome de cinco animais com hábitos noturnos.

R	C	V	B	T	H	U	I	K	Ç	P	A	M	R	L
Ã	H	I	M	A	T	G	U	I	O	L	N	C	E	T	S
A	O	T	C	V	F	R	Q	S	R	D	F	O	O	A	G
T	T	V	M	O	R	C	E	G	O	N	X	R	P	M	O
G	T	R	D	R	V	H	Y	J	I	L	M	U	P	H	D
H	G	S	X	E	Z	X	I	E	T	Y	H	J	R	L	F
U	C	Q	T	H	N	G	K	N	I	N	T	A	E	I	B
M	C	V	B	G	A	O	N	Ç	A	T	A	S	C	J	X
K	X	W	T	Y	U	H	L	F	C	F	S	H	Y	S	E
L	H	K	Ç	P	Q	P	Ç	N	N	R	Y	K	Z	Q	C
F	Y	M	I	L	W	L	U	I	L	V	B	T	X	U	P
Ç	I	U	S	A	P	O	C	F	R	G	J	G	L	X	R

51

9 Observe a imagem e realize as atividades.

a) A Lua é um astro:

☐ luminoso.   ☐ iluminado.

b) O que faz com que a Lua apareça brilhando no céu em algumas épocas do mês?

_____

10 Complete a frase com as palavras do quadro.

> Lua   visível   satélite
> reflete   noturno   Sol

A _____ é o _____ natural da Terra e, apesar de ela ser o astro mais _____ no céu _____, só podemos enxergá-la quando ela _____ a luz do _____.

52

11 Observe a pintura abaixo.

Paisagem de Brodowski, de Candido Portinari, 1940. Óleo sobre tela.

a) Aponte com uma seta a linha do horizonte.

b) Qual astro aparece na linha do horizonte de dia e desaparece na linha do horizonte à noite?

_____

12 Complete as frases com as expressões **da noite** ou **do dia**.

O fim _____ e o início _____
acontecem quando o Sol desaparece na linha do horizonte.

O fim _____ e o início _____
acontecem quando o Sol começa a aparecer na linha do horizonte.

13 Selecione a frase que está INCORRETA.

☐ Um dia corresponde ao período em que a Terra demora para dar uma volta em torno de seu eixo imaginário.

☐ O dia tem 24 horas. Doze horas correspondem ao período em que vemos o Sol e nas outras 12 horas é noite.

☐ Um dia dura 24 horas, mas também chamamos de dia o período em que o Sol ilumina a Terra.

☐ Os dias e as noites existem porque o Sol ilumina apenas uma parte da Terra de cada vez.

14 Por que no verão a duração das noites é menor do que no inverno?

_____
_____
_____

15 Qual característica você poderia usar para diferenciar os planetas e as estrelas no céu noturno?

_____
_____

16 Marque com X as características dos planetas do Sistema Solar.

☐ São astros iluminados.

☐ São astros luminosos.

☐ Orbitam a Lua.

☐ Orbitam o Sol.

17 Descubra os planetas e complete a cruzadinha.

1. É o segundo planeta depois do Sol e é constituído principalmente por gás carbônico.
2. Planeta onde vivemos no Universo.
3. É o maior planeta do Sistema Solar.
4. Planeta vermelho e um dos mais próximos à Terra.
5. Apresenta a menor distância do Sol.
6. Possui anéis visíveis da Terra através de telescópios ao seu redor.
7. Por ser o mais distante do Sol, sua superfície é bastante gelada.
8. Foi o primeiro planeta a ser descoberto por meio de um telescópio.

18 Marque as alternativas corretas e teste seu conhecimento sobre asteroides, meteoros e cometas.

a) Contêm rochas em sua composição, mas também são formados por gelo, poeira e gás carbônico no estado sólido.

☐ Asteroides ☐ Meteoros ☐ Cometas

b) São bem pequenos e, em alguns casos, seu tamanho pode até ser comparado com um grão de feijão.

☐ Asteroides ☐ Meteoros ☐ Cometas

c) São grandes e podem chegar a centenas de quilômetros de comprimento.

☐ Asteroides ☐ Meteoros ☐ Cometas

d) Ao entrar na atmosfera da Terra, derretem e se desfazem.

☐ Asteroides ☐ Meteoros ☐ Cometas

e) Podem se fragmentar ou cair inteiros na superfície da Terra, provocando um grande estrago.

☐ Asteroides ☐ Meteoros ☐ Cometas

f) Ao se aproximar do Sol, o gelo presente em sua composição se evapora, formando sua cauda.

☐ Asteroides ☐ Meteoros ☐ Cometas

19 O que é, o que é?

Visto de longe até parece uma estrela com pressa, mas não é.

Parece sólido, mas é gasoso.

Tem cauda, mas não é animal.

Resposta: _____.

Fotografia obtida em Queensland, Austrália, em 2007.